Collection
Carnet de lecteur

Tle BAC PRO

Français

W0403285

Le jeu

futilité, nécessité

Adrien David
David Martin
Marie Panter
Ada Smaniotto

Ce carnet appartient à : ....

....

(classe : ....) - Année : ....

Si vous trouvez ce carnet, merci de me contacter :

Téléphone : ....

Courriel : ....

Nathan TECHNIQUE

Comment utiliser ce carnet ?

En terminale, le programme de français est composé d'un seul objet d'étude : « Vivre aujourd'hui : l'humanité, le monde, les sciences et les techniques ».

Un thème changeant tous les deux ans est associé à cet objet d'étude. En 2021-2022 et 2022-2023, le thème est « Le jeu : futilité, nécessité ». Le professeur fait étudier une œuvre sur ce thème, parmi une liste proposée dans le programme. D'autres documents complètent son étude : textes littéraires ou documentaires, œuvres artistiques, etc.

Dans ce carnet, je peux :

- faire un planning pour mieux m'organiser ;
- prendre des notes pendant mes lectures ;
- conserver une trace de mes recherches ;
- compiler des citations qui m'ont plu ;
- noter ce que j'ai aimé ou moins aimé ;
- aborder les œuvres à travers des exercices créatifs ;
- garder une trace de mes sorties en lien avec le thème au programme.

Ce carnet m'aidera aussi et surtout à préparer efficacement le bac !

Sommaire

Mon planning de

Sur ce planning, j'organise mes révisions pour réussir l'examen.

Juillet

Août

Septembre

Janvier

Février

Mars

travail 20........./20.........

Octobre

Novembre

Décembre

Avril

Mai

Juin

Ma progression

Je note ici, au fil des cours, ma progression annuelle en français, afin de faciliter mes révisions.

Dates	Numéros et titres des séquences	Numéros et titres des séances

annuelle en français

Documents étudiés	Activités réalisées	Ai-je révisé ?
		☐ oui ☐ non
		☐ oui ☐ non
		☐ oui ☐ non
		☐ oui ☐ non
		☐ oui ☐ non
		☐ oui ☐ non
		☐ oui ☐ non
		☐ oui ☐ non
		☐ oui ☐ non
		☐ oui ☐ non
		☐ oui ☐ non
		☐ oui ☐ non
		☐ oui ☐ non
		☐ oui ☐ non
		☐ oui ☐ non
		☐ oui ☐ non
		☐ oui ☐ non
		☐ oui ☐ non
		☐ oui ☐ non
		☐ oui ☐ non
		☐ oui ☐ non
		☐ oui ☐ non

Le jeu...

Les jeux que j'aime :

Les jeux qui m'ennuient :

Ce que j'éprouve quand j'y joue :

Les jeux que je déteste :

...selon moi !

Ce que j'attends d'un jeu :

Ce qui me déplaît dans un jeu :

Les mots-clés
que j'associe au jeu.

Futilité ou

Sur ces pages, j'écris ou je dessine ce que j'associe aux mots du thème.
Je peux aussi coller des images.

Futilité

Définition : ....

....

....

nécessité ?

Nécessité

Définition : ....

....

....

Mon œuvre

Sur ces pages, je note mes premières impressions à propos de l'œuvre que j'étudie cette année.

Titre : ....

Auteur : ....

Date : ....

Titre du parcours : ....

Je colle ici
sa couverture.

sur le jeu

Mes premières impressions

Ce que m'évoque le titre :

....

....

....

....

Ce que m'évoque la couverture :

....

....

....

....

Ce que j'imagine à propos de l'œuvre :

....

....

....

....

Quel rapport pourrait-elle avoir avec le thème du jeu ?

....

....

....

....

Mon planning de lecture

À lire pour le ....

Semaine du .... j'ai lu ....

Semaine du .... j'ai lu ....

Semaine du .... j'ai lu ....

Semaine du .... j'ai lu ....

Semaine du .... j'ai lu ....

Semaine du .... j'ai lu ....

Semaine du .... j'ai lu ....

Semaine du .... j'ai lu ....

L'auteur ou

Je colle ici
le portrait
de l'auteur
ou de l'autrice.

Nom : ....

Nationalité : ....

Date et lieu de naissance : ....

....

Date et lieu de décès : ....

....

Les mouvements littéraires ou artistiques auxquels il/elle a participé :

....

....

....

....

....

Une phrase célèbre qui lui est attribuée :

❝ ....

l'autrice de l'œuvre

Les événements importants de sa vie :

Ses autres œuvres importantes :

Les circonstances dans lesquelles il/elle a écrit l'œuvre :

Le contexte

Je mène des recherches sur...

Le contexte historique

Personnages historiques majeurs

- ....

- ....

Événements contemporains de l'œuvre

- ....

- ....

Régime politique du pays où l'œuvre fut écrite

- ....

Le contexte artistique

Mouvements littéraires contemporains de l'œuvre

- ....

- ....

Œuvres littéraires marquantes de la décennie

- ....

- ....

Mouvements artistiques contemporains de l'œuvre

- ....

- ....

Œuvres artistiques marquantes de la décennie

- ....

- ....

Sur cette frise, je note les dates, les événements et les œuvres à retenir.

de l'œuvre

Je fais le lien entre le contexte et des passages de l'œuvre.

Le jeu dans l'œuvre :

Je réponds ici à la problématique.

Pourquoi l'homme a-t-il besoin de jouer ?

Ma réponse avant de lire l'œuvre

La réponse selon l'œuvre

En quoi mon avis a évolué après la lecture

problématique 1

Les différences entre l'œuvre et ce que je pense

Je peux ici noter, dessiner ou coller des images pour répondre à la problématique.

Le jeu dans l'œuvre :

Je réponds ici
à la problématique.

En quoi la règle est elle
intrinsèque au jeu ?

Ma réponse avant de lire l'œuvre

....

....

....

....

....

La réponse selon l'œuvre

....

....

....

....

....

En quoi mon avis a évolué après la lecture

....

....

....

....

....

problématique 2

Les différences entre l'œuvre et ce que je pense

Je peux ici noter, dessiner ou coller des images pour répondre à la problématique.

Le jeu dans l'œuvre :

Je réponds ici à la problématique.

Pourquoi le jeu peut-il conduire à l'aliénation ?

Ma réponse avant de lire l'œuvre

....

....

....

....

....

La réponse selon l'œuvre

....

....

....

....

....

En quoi mon avis a évolué après la lecture

....

....

....

....

....

problématique 3

Les différences entre l'œuvre et ce que je pense

Je peux ici noter, dessiner ou coller des images pour répondre à la problématique.

Le jeu dans l'œuvre :

Je réponds ici à la problématique.

Quelle est la place du jeu dans notre vie personnelle et sociale ?

Ma réponse avant de lire l'œuvre

La réponse selon l'œuvre

En quoi mon avis a évolué après la lecture

problématique 4

Les différences entre l'œuvre et ce que je pense

Je peux ici noter, dessiner ou coller des images pour répondre à la problématique.

Le jeu dans l'œuvre :

Je réponds ici à la problématique.

Le jeu est-il une futilité ou une nécessité ?

Ma réponse avant de lire l'œuvre

La réponse selon l'œuvre

En quoi mon avis a évolué après la lecture

problématique 5

Les différences entre l'œuvre et ce que je pense

Je peux ici noter, dessiner ou coller des images pour répondre à la problématique.

Je repère le lexique

Je note les passages de l'œuvre comportant des expressions appartenant au lexique du jeu, que j'explique dans leur contexte.

Exemple 1 (p. ....)

Expression : ....

Sens dans le passage : ....

....

....

....

Exemple 2 (p. ....)

Expression : ....

Sens dans le passage : ....

....

....

....

Exemple 3 (p. ....)

Expression : ....

Sens dans le passage : ....

....

....

....

Je note l'expression qui me plaît le plus et j'explique pourquoi.

....

Exemple 4 (p. ....)

Expression : ....

Sens dans le passage : ....

....

....

....

Exemple 5 (p. ....)

Expression : ....

Sens dans le passage : ....

....

....

....

Exemple 6 (p. ....)

Expression : ....

Sens dans le passage : ....

....

....

....

.... ❞

Je joue avec des

Sur ces pages, je surligne les expressions qui pourraient s'appliquer à l'œuvre que j'étudie. Si je ne les connais pas, je cherche leur sens.

jouer sa vie
dévoiler son jeu
cacher son jeu
se jouer de
jouer un jeu dangereux
joute
jouer avec le feu
jouer sa réputation
jouer à qui perd gagne
double jeu
jouer sur les mots
enjoué
jeux de mains, jeux de vilains
hors-jeu
à ce petit jeu
jouer serré
abattre son jeu
entrer dans le jeu de quelqu'un
jeu de scène
se prêter au jeu
avoir du jeu
jouer avec la vie
mettre en jeu

expressions sur le jeu

c'est joué d'avance

jouer la belle

jouer de son influence

jouer gros

entrer en jeu

jouer des tours

c'est un jeu d'enfant

les jeux sont faits

d'entrée de jeu

tirer son épingle du jeu

mettre quelqu'un/quelque chose en jeu

se refaire au jeu

avoir beau jeu

le jeu n'en vaut pas la chandelle

vieux jeu

faire jouer la clé dans la serrure

jouer dans la cour des grands

jouer de malchance

le démon du jeu

faire jouer la clé dans la serrure

heureux au jeu, malheureux en amour

Je dresse le portrait des

Dans ces pages, j'établis la fiche d'identité de deux personnages joueurs dans l'œuvre étudiée.

Dans ce cadre, je dessine ou je colle le portrait du personnage.

Nom du personnage : ....

....

Classe ou origine sociale : ....

....

Qualités : ....

....

....

Défauts : ....

....

....

Jeux pratiqués : ....

....

....

Rapport au jeu : ....

....

....

Phrase-clé : ....

....

....

personnages de joueurs

Conseil
Il peut être utile de noter le numéro des pages permettant de remplir chaque fiche d'identité, pour faciliter ensuite les révisions en vue de l'examen.

Nom du personnage : ....

....

Classe ou origine sociale : ....

....

Qualités : ....

....

....

Défauts : ....

....

....

Jeux pratiqués : ....

....

....

Rapport au jeu : ....

....

....

Phrase-clé : ....

....

....

Dans ce cadre, je dessine ou je colle le portrait du personnage.

Je fais le bilan

Dans cette double page, je note ce que j'ai retenu de l'œuvre étudiée sur le thème du jeu.

Titre de l'œuvre :

....

Mon passage préféré :

....

....

Mon personnage préféré :

....

....

Ce que j'ai aimé :

....

....

....

....

....

de ma lecture

Ce que j'ai moins aimé :

....

....

....

....

....

Ce que j'ai appris sur le jeu :

....

....

....

....

....

....

....

....

La phrase la plus marquante selon moi :

« ....

.... »

J'étudie un film

Titre du film : ....

....

Réalisateur : ....

Date : ....

Jeu dont il est question : ....

....

Je colle ici l'affiche du film choisi.

Je décris un personnage de joueur dans le film.

Je colle ici son image.

Nom : ....

Ses qualités : ....

Ses défauts : ....

Jeu auquel il joue : ....

....

Ce qu'il nous apprend sur notre rapport au jeu : ....

....

....

....

Une phrase marquante qu'il prononce, en rapport avec le jeu :

« .... »

sur le jeu

J'étudie une scène du film en rapport avec le jeu.

Je résume la scène : ....

....

....

J'explique l'image qu'elle donne du jeu :

....

....

....

Je colle ici une image de la scène choisie.

Je fais le bilan de l'étude du film, en notant tout ce que j'ai retenu en rapport avec le thème du jeu. Je peux aussi dessiner ou coller des images.

Une réplique marquante du film, en rapport avec le jeu :

« .... »

J'étudie un tableau

Titre du tableau : ....

Peintre : .... Date : ....

Jeu représenté : ....

Je colle ici une reproduction de l'œuvre.

sur le jeu

Je découpe et colle trois détails du tableau, en rapport avec le jeu. J'explique pourquoi j'ai choisi ces détails et j'émets des hypothèses sur leur signification.

Je fais le bilan de l'étude du tableau, en expliquant ce qu'il nous dit par rapport au jeu.

J'assiste à

Titre du spectacle : ....

....

Auteur : ....

Metteur en scène : ....

Date : ....

Jeu dont il est question : ....

....

Je colle ici l'affiche du spectacle.

Je résume le spectacle :

....

....

....

....

....

....

....

....

....

....

Une réplique marquante du spectacle, en rapport avec le jeu :

« .... »

un spectacle

Je décris un personnage de joueur dans le spectacle.

Nom : ....

Ses qualités : ....

Ses défauts : ....

Jeu auquel il joue : ....

Ce qu'il nous apprend sur notre rapport au jeu : ....

....

....

Je colle ici sa photographie ou un dessin le représentant.

Je fais le bilan de l'étude du film, en notant tout ce que j'ai retenu en rapport avec le thème du jeu. Je peux aussi dessiner ou coller des images.

Une réplique marquante du spectacle, en rapport avec le jeu :

« .... »

Je prépare une

Dans cette double page, je cherche des articles sur le thème du jeu, pour présenter une revue de presse à la classe.

1 Je choisis un thème, que j'entoure dans la liste suivante :

les jeux olympiques,
l'e-sport, les jeux de rôle,
les *escape games*,
l'addiction au jeu

2 Je note dans le cadre ci-dessous les mots-clés qui pourront me servir dans le moteur de recherche.

3 Je sélectionne trois articles récents sur le thème choisi, que je cherche sur Internet ou au CDI.

Article 1

Titre de l'article : ....

Nom du journaliste : ....

Date de publication : .... Site/journal/média : ....

Article 2

Titre de l'article : ....

Nom du journaliste : ....

Date de publication : .... Site/journal/média : ....

Article 3

Titre de l'article : ....

Nom du journaliste : ....

Date de publication : .... Site/journal/média : ....

4 Je résume sous forme de notes ce que chaque article nous apprend sur le thème choisi.

Article 1

....

....

....

....

Article 2

....

....

....

....

Article 3

....

....

....

....

5 À l'aide de mes notes, je présente ma revue de presse à la classe. Je peux m'entraîner en me filmant.

Conseil

L'ordre de présentation des articles est important : il faut qu'il permette de construire une réflexion plus générale, grâce à la comparaison des points de vue des journalistes.

Je construis mon

Dans cette double page, je note tous les exemples que je peux mobiliser à l'examen (personnels ou étudiés en classe). Je peux écrire le titre des œuvres et/ou coller les couvertures, les affiches, des photographies…

Conseil

Dans la copie d'examen, il est important de donner le nom de l'auteur ou de l'artiste et le titre précis du texte ou de l'œuvre que vous citez.

Le jeu : futilité, nécessité

Les textes littéraires

Les textes documentaires

Les textes d'information

répertoire d'exemples

Les films

Les spectacles

Les tableaux, sculptures, installations artistiques

Les morceaux de musique

Je constitue un

Pour préparer l'examen, je compile ici des citations que je pourrai mobiliser dans ma copie, sur le thème du jeu.

Conseil

Lorsqu'on cite un texte, il faut en donner le titre exact et le nom de son auteur. Pour retrouver facilement une citation, il est utile de noter les références exactes de l'ouvrage et la page où elle se trouve.

Citations de l'œuvre étudiée

Je note ma citation préférée et j'explique pourquoi :

« ....

....

....

Citations d'autres textes étudiés

Document 1

Lisa Berdah, Amélie Hillairet, Maryann Lorcet,
« Pourquoi regarde-t-on (encore) la télé-réalité »,
***Marie Claire*, 2018**

Qu'on lui coupe la tête !

Le surveillant a du pouvoir, et il adore ça. Dès *Loft Story* (M6, 2001), tout le sel du concept est basé sur le choix que fait le public, de "sauver" ou "jeter" les personnes qu'ils voient évoluer dans leur poste de télé. Ce pouvoir qu'il a sur un autre être humain motive son attention à ces programmes. Stephen Dehoul explique : "Le pouvoir d'éliminer quelqu'un par le vote est l'expression d'une pulsion agressive réprimée. Un moyen d'exulter les frustrations et colères enfouies du téléspectateur." Mais depuis quelques années, le principe du vote s'est essoufflé : payer des SMS surtaxés pour sauver son candidat préféré, l'idée a pris un gros coup de vieux. Dans d'autres émissions à succès - *Les Anges de la télé réalité* (NRJ 12), *Moundir et les apprentis aventuriers* (W9) ou encore *Les Marseillais* (W9) - c'est la réputation du candidat qui lui accorde sa place au sein du programme.

Alors si le vote n'existe plus, il prend une nouvelle forme, bien plus violente : il prend corps sur les réseaux sociaux. "Le lynchage a remplacé le vote. Aujourd'hui, la sentence se rend sur les réseaux sociaux, où les candidats sont violemment critiqués et insultés", précise Nathalie Nadaud-Albertini. Le surveillant a pouvoir de vie ou de mort sur la réputation des candidats et leur vie d'après. "Le téléspectateur peut exister sans le candidat mais l'inverse n'existe pas. Finalement, même un candidat avec une très bonne notoriété dépend du téléspectateur", poursuit-elle. Le surveillant, lui, éteint la télé et reprend le cours de sa vie, dont il est maître. Le bouffon a besoin du roi pour vivre, mais le roi, lui, n'a besoin de ce dernier que pour se divertir.

Le corpus propose des genres variés, comme ici un article de presse.

Sujet commenté

Le chapeau introducteur aide à la compréhension mais ne peut pas être cité dans les réponses.

Document 2

Suzanne Collins, *La Ballade du serpent et de l'oiseau chanteur*, 2020

Dans un futur indéterminé, le régime totalitaire appelé « Panem » impose la dictature du Capitole sur les douze districts.

Il y aurait vingt-quatre tributs, un garçon et une fille issus de chacun des douze districts vaincus, désignés par le sort pour se battre jusqu'à la mort dans le cadre des Hunger Games. Tout cela était fixé par le traité de la Trahison ayant mis fin aux jours obscurs de la rébellion des districts. C'était l'un des nombreux châtiments que devaient endurer les rebelles. Comme toujours, les tributs seraient lâchés dans l'arène du Capitole, un vieil amphithéâtre aujourd'hui décrépit qui avait accueilli de nombreux spectacles et rencontres sportives avant la guerre. Et on leur fournirait des armes pour s'entre-tuer. Le Capitole encourageait la population à suivre le déroulement des combats, mais beaucoup de gens préféraient s'en détourner. Le défi consistait donc à rendre l'événement plus attractif.

C'est pourquoi, pour la première fois, les tributs se verraient assigner des mentors. On avait sélectionné pour cela vingt-quatre des meilleurs élèves de l'Académie. Les spécificités de leur mission restaient encore à définir. On parlait de préparer les tributs pour une interview télévisée, de les mettre en valeur avant leur passage devant les caméras. Tout le monde s'accordait à dire que, pour perdurer, les Hunger Games devaient évoluer, devenir une expérience plus riche, et l'idée d'associer la jeunesse du Capitole aux tributs des districts suscitait beaucoup de curiosité.

Traduit de l'américain par Guillaume Fournier.

Dans un texte de fiction, l'opinion de l'auteur est moins explicite que dans un article ou un essai.

Document 3

Jean-Léon Gérôme, *Pollice Verso*, 1872

Le corpus peut comporter des documents iconographiques variés : tableaux, sculptures, dessins, photographies, affiches, publicités, etc.

Sujet commenté

Évaluation des compétences de lecture (10 points)

Compréhension et interprétation

1. D'après le document 1, quels types de rapports s'établissent entre le candidat de télé-réalité et le téléspectateur ? *(2 points)*

2. Dans le document 2, quel est l'intérêt pour le Capitole de promouvoir les Hunger Games ? *(2 points)*

3. Sur quoi repose la violence du document 3 ? *(2 points)*

Confrontation des documents

4. D'après ces documents, que révèlent ces types de spectacles sur le public qui les regarde ? *(4 points)*

Évaluation des compétences d'écriture (10 points)

Comment expliquez-vous le succès des divertissements violents ?

Vous répondrez à cette question dans un développement argumenté d'une quarantaine de lignes, en vous appuyant sur le corpus, sur vos lectures de l'année et sur vos connaissances.

Le sujet d'écriture est toujours en lien avec le corpus proposé.

Selon vous, que cherche-t-on à évaluer dans cette épreuve ?

....

....

Quelles stratégies pourriez-vous adopter pour la réussir ?

....

....

Quelles seraient les erreurs à éviter ? ....

....

....

Mettez-vous à la place d'un correcteur du bac et corrigez cette copie !

Évaluation des compétences de lecture (10 points)

Compréhension et interprétation

1 D'après le document 1, quels types de rapports s'établissent entre le candidat de télé-réalité et le téléspectateur ? *(2 points)*

Selon cet article, les téléspectateurs ont un grand pouvoir sur les candidats des jeux de télé-réalité : ils peuvent choisir « de "sauver" ou "jeter" » les personnes qu'ils voient évoluer dans leur poste de télé.

2 Dans le document 2, quel est l'intérêt pour le Capitole de promouvoir les Hunger Games ? *(2 points)*

Le Capitole a créé les Hunger Games pour des raisons politiques et le régime totalitaire « Panem » cherche à les promouvoir pour assurer son pouvoir.

3 Sur quoi repose la violence du document 3 ? *(2 points)*

Dans ce tableau, la violence apparaît d'abord dans la scène représentée : un gladiateur s'apprête à tuer son concurrent, il y a des morts et des blessés au sol. La violence apparaît aussi dans le choix des couleurs.

Copie d'élève à corriger

Confrontation des documents

4 D'après ces documents, que révèlent ces types de spectacles sur le public qui les regarde ? *(4 points)*

Dans les trois documents, on voit que ces types de spectacles révèlent une certaine violence des spectateurs. Dans le document 1, Stephen Dehoul dit que le pouvoir d'éliminer quelqu'un par le vote est l'expression d'une pulsion agressive réprimée, un moyen d'exulter les frustrations et colères enfouies du téléspectateur. Dans le document 3, on voit cette violence dans le visage des spectateurs.

Complétez la grille d'évaluation suivante.

Critères	Points positifs	Points à améliorer
Pertinence des idées		
Pertinence des justifications		
Organisation des réponses		
Qualité de la langue		

JE PRÉPARE LE BAC

Mettez-vous à la place d'un correcteur du bac et corrigez cette copie !

Évaluation des compétences d'écriture (10 points)

Comment expliquez-vous le succès des divertissements violents ?

Vous répondrez à cette question dans un développement argumenté d'une quarantaine de lignes, en vous appuyant sur le corpus, sur vos lectures de l'année et sur vos connaissances.

Les divertissements et les jeux violents rencontrent en effet beaucoup de succès. On peut penser par exemple aux romans et aux films Hunger Games, qui racontent la tenue de sortes de jeux du cirque très violents, dans un futur indéterminé (doc. 1). On retrouve, en effet, dans ces Hunger Games l'imaginaire des jeux du cirque antiques, représenté dans le tableau de Jean-Léon Gérôme, Pollice Verso (doc. 3). On peut aussi penser aux jeux vidéo violents. Même les jeux apparemment inoffensifs, comme les émissions de téléréalité, ont une dimension violente (doc. 1) : Nathalie Nadaud-Albertini rappelle ainsi que « les candidats sont violemment critiqués et insultés » sur les réseaux sociaux.

Ce succès des divertissements violents s'explique d'abord par une pulsion agressive que nous avons tous mais qui est d'habitude réprimée. C'est ce que rappelle Stephen Dehoul dans le document 1. On voit bien cette pulsion agressive dans le tableau de Jean-Léon Gérôme (doc. 3) : les spectateurs ont le visage déformé, ils hurlent pour demander la mise à mort du gladiateur au sol, en baissant le pouce.

Le succès des jeux violents apparaît donc comme une manière d'exprimer cette violence dans le cadre normé d'un jeu.

Copie d'élève à corriger

C'est ce que le régime totalitaire appelé « Panem », présenté dans les livres de Suzanne Collins (doc. 2), a bien compris : l'organisation des Hungers Games est une manière de maintenir l'ordre dans les Douze districts.

Si les divertissements violents semblent donc remplir une fonction d'exutoire pour les spectateurs et les joueurs, ils comportent néanmoins des risques car la violence risque de déborder du cadre du jeu.

Complétez la grille d'évaluation suivante.

Critères	Points positifs	Points à améliorer
Pertinence des idées		
Pertinence des justifications		
Organisation de la réponse		
Qualité de la langue		

JE ME PRÉPARE

Je récapitule les principaux enjeux du thème du jeu.
Je représente les enjeux associés au jeu sous forme de carte mentale.
Je pense à noter à la fois des enjeux positifs et des enjeux négatifs.

Le jeu

À L'EXAMEN

Je révise l'œuvre que j'ai étudiée en rapport avec le thème du jeu.

Titre de l'œuvre : ....

Ce qu'elle apporte à la compréhension du thème :

....

....

....

....

J'imagine trois de sujets d'écriture qui pourraient être donnés et que cette œuvre permettrait de traiter.

1 ....

2 ....

3 ....

Je note mes autres références sur le thème du jeu (autres textes, films, œuvres d'art, etc.).

....

....

....

....

....

....

....

Conseil

À l'examen, des références précises valorisent la copie. On peut s'appuyer sur les documents du sujet mais aussi sur les œuvres lues et étudiées pendant l'année.

JE PRÉPARE UN

Je recopie le sujet, je souligne et je définis ses termes-clés.

....

....

....

....

Conseil
Il faut éviter de réciter un cours et s'adapter au sujet donné en cherchant à y répondre vraiment.

Je note les idées qui me viennent pour répondre au sujet.

J'organise et hiérarchise mes idées en deux ou trois points.
Je relie les documents du sujet et mes exemples à ces idées.

....

....

....

....

....

....

....

....

....

....

Conseil
Donner des références personnelles de qualité permet de valoriser le travail de l'année et d'améliorer la copie.

SUJET D'ÉCRITURE

Je note le plan de mon développement, en deux ou trois paragraphes.

Premier paragraphe

Argument : ....

Exemple(s) : ....

Deuxième paragraphe

Argument : ....

Exemple(s) : ....

Troisième paragraphe

Argument : ....

Exemple(s) : ....

Je rédige mon introduction :

....

....

....

....

....

....

....

Je rédige ma conclusion :

....

....

....

....

....

....

....

Après avoir rédigé au propre, je m'auto-évalue :

Ce que j'ai réussi : ....

....

....

Ce que j'ai eu du mal à faire : ....

....

....

Je me repère

Sur cette frise chronologique, je note tout ce qui me semble important à propos du jeu : événements, périodes historiques, œuvres importantes, etc.

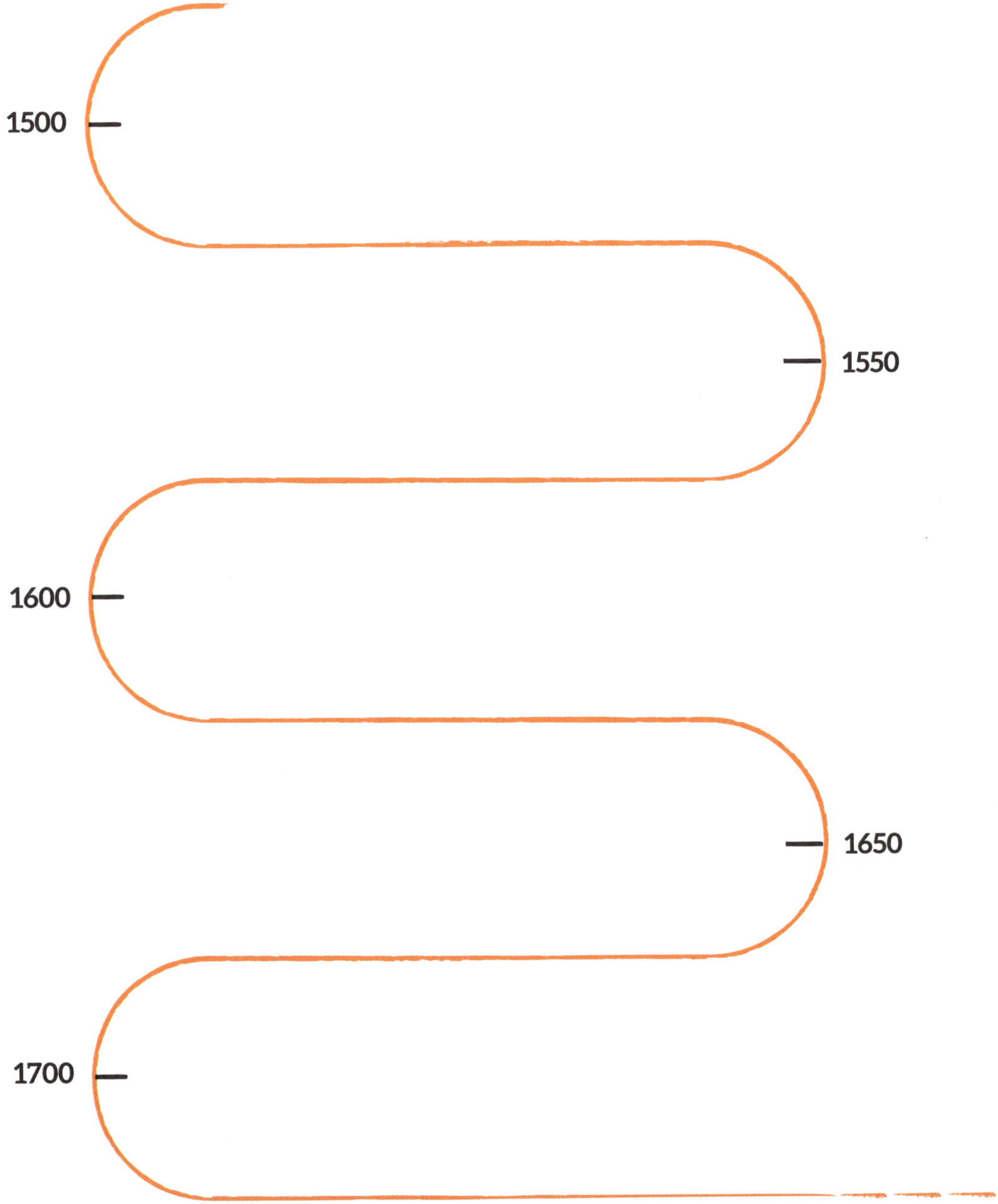

dans le temps

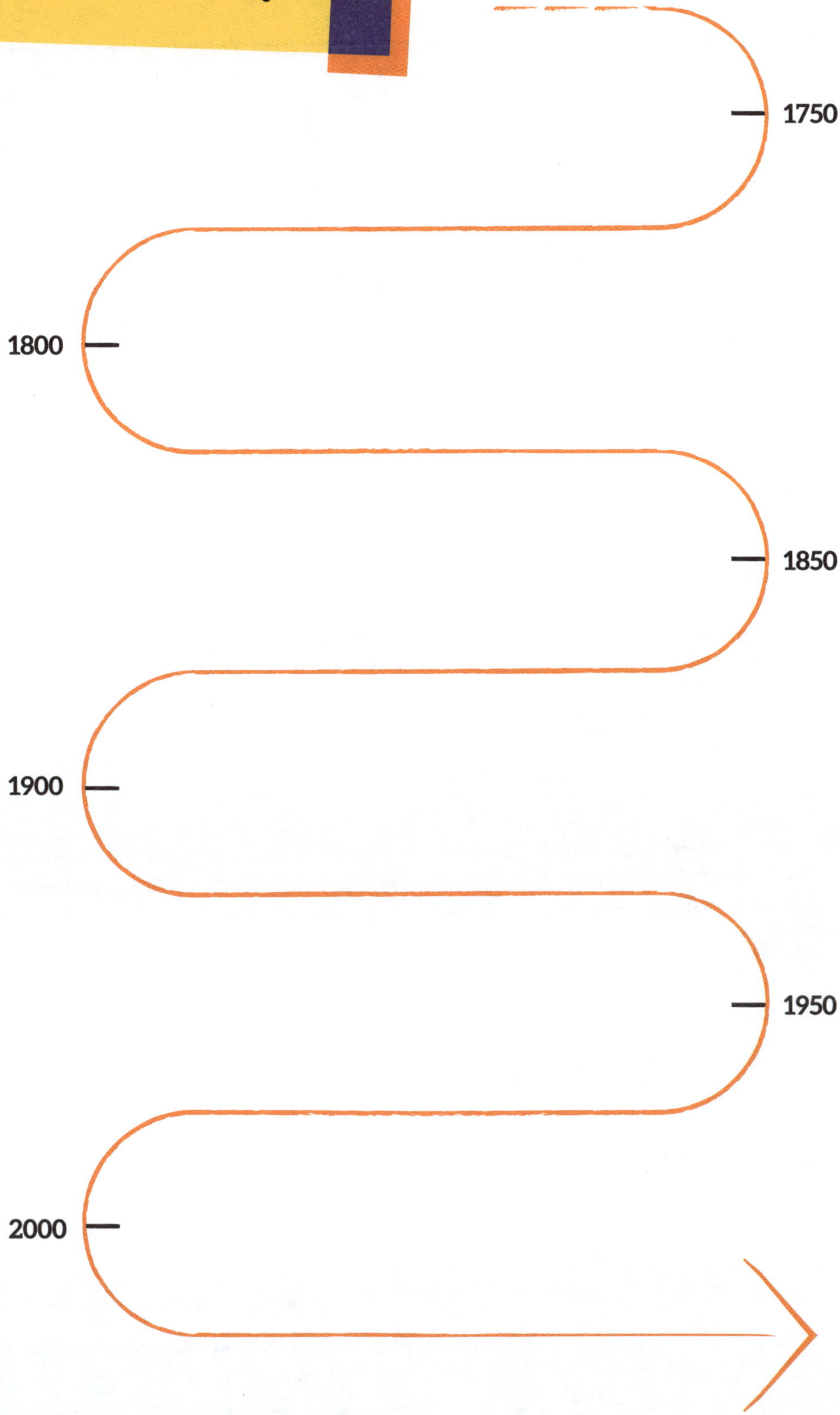

Lexique

Dans cette double page, je note les différentes définitions et expressions apprises au fil de l'année.

Conseil

Rechercher l'étymologie ainsi que les différents sens (propres et figurés) des mots-clés du programme peut être utile pour mieux comprendre le sujet le jour de l'examen.

Jeu

Définitions : ....

....

....

Expressions associées : ....

....

....

....

Jouet

Définitions : ....

....

....

Expressions associées : ....

....

....

....

Jouer

Définitions : ....

....

....

Expressions associées : ....

....

....

....

Futilité

Définitions : ....

....

....

Expressions associées : ....

....

....

....

Nécessité

Définitions : ....

....

....

Expressions associées : ....

....

....

....

Crédits iconographiques

Couverture Haut : Akg images ; **Bas** : Keystone/Gamma Rapho ; **p. 50** : John Parrot/ Stocktrek Images/ Akg images

Crédits textes
p. 48 : Lisa Berdah, Amélie Hillairet, Maryann Lorcet, « Pourquoi regarde-t-on (encore) la télé-réalité ? », © Marie Claire, 2018 ; **p. 49** : Suzanne Collins, *La Ballade du serpent et de l'oiseau chanteur*, 2020, © Pocket Jeunesse

MIXTE
Papier issu de sources responsables
FSC® C022030
FSC www.fsc.org

ISBN : 978-2-169638-6
Éditions Nathan – 92, avenue de France – 75013 Paris
Conception maquette : Séverine Tanguy
Mise en page : Séverine Tanguy
Fabrication : Emmanuelle Perrier

N° éditeur : 10273629 – Dépôt légal : août 2021 – N° impression : 106199
Achevé d'imprimer en août 2021 par Laballery (58500, Nièvre, France)